MOYENS CERTAINS

DE

CASSATION D'UN ARRÊT CORRECTIONNEL

(SIX JOURS DE PRISON POUR PRÉTENDUS CRIS SÉDITIEUX)

PAR UN

BONAPARTISTE CATHOLIQUE

PARTISAN DE LA LÉGALITÉ, NULLEMENT CONSPIRATEUR NI RÉVOLUTIONNAIRE
ET SOUMIS NÉANMOINS A LA

SURVEILLANCE DE LA HAUTE POLICE RADICALE

PARIS ET VERSAILLES

AVRIL 1877

A HENRI V

EN RÉPONSE A SON RÉCENT ET NOUVEAU MANIFESTE

Versailles, le mercredi 7 mars 1877.

Après avoir invoqué les lumières de l'Esprit-Saint, en récitant, avec foi et avec piété, le *Veni Creator*.

COMTE DE CHAMBORD,

Vous manifestez de nouveau la prétention de régner un jour sur la France.

Permettez-moi de vous dire, pour me servir d'une expression vulgaire, que *vous vous mettez le doigt dans l'œil*, au point de vous aveugler complétement.

Ni Dieu ni le Peuple ne veulent de vous.

En voici les principales causes :

Les adultères publics, les crimes secrets et l'impiété de vos pères ;

L'odieux abus des lettres de cachet dont ils se sont rendus sciemment coupables, avec la dernière des indifférences et la plus grande légèreté, par eux-mêmes, par leurs favoris ou par leurs impures maîtresses ;

Le long et cruel assassinat, opéré de la manière la plus injuste et la plus arbitraire, des innocents et des malheureux qu'ils ont torturés impunément et en silence dans les ténébreux cachots de la Bastille, mise en pièces avec raison par la fureur populaire et par une juste permission de Dieu;

Le supplice non moins douloureux et non moins prolongé d'une victime de leur propre sang et qui a crié vengeance contre eux, du martyr irréprochable, de l'infortuné intéressant connu sous le nom de *Masque de Fer* ; — mystère d'iniquité qu'on n'a pas encore éclairci, mais qui cache bien certainement un odieux crime de vos pères, puisqu'ils connaissaient la vérité et qu'ils l'ont cachée avec succès, laissant ainsi sans flétrissure un crime royal accompli dans l'ombre, sous le pseudonyme de la raison d'État et du salut public ;

Enfin, et particulièrement, l'infâme conduite et la criminelle ingratitude de vos aïeux envers la plus pure et la plus inspirée des Vierges mortelles, comme elle fut la plus aimable et la plus douce des martyres ; — l'abominable conduite de vos pères envers l'*Envoyée de Dieu*, une belle et jeune héroïne sans souillure et jamais cruelle ; car, noblement blessée dans les combats et courageuse comme le plus intrépide guerrier, toujours la première à l'assaut, toujours la dernière à la retraite, elle s'offrit en sacrifice et répandit avec amour son sang pour Dieu, pour la France et pour son Roi, et ne tua ni ne blessa jamais personne ; ses mains pieusement inoffensives devant rester toujours pures et virginales ; — l'abominable et inqualifiable conduite de vos aïeux envers la chaste et douce héroïne qui les sauva glorieusement et qui n'eut pour récompense, en ce monde, qu'une longue et dure captivité, des insultes et des ignominies sans pareilles, et le plus cruel et le moins mérité des supplices, celui d'être brûlée, non pas morte, comme on l'a fait quelquefois par humanité, mais toute vivante et avec la pleine conscience, jusqu'à son dernier soupir, de cet horrible supplice, préparé et exécuté lentement, sans aucun respect pour la victime, et avec la dernière des cruautés.

J'ai nommé une grande sainte et une vraie martyre, réellement et divinement inspirée; j'ai nommé respectueusement Jeanne Darc.

COMTE DE CHAMBORD, voilà pour quels crimes incontestables et bien connus Dieu a rejeté votre race. Votre honnêteté personnelle et votre sincère piété ne détruiront jamais de tels crimes et n'en empêcheront point le châtiment.

La Légitimité, malgré l'honorabilité générale des personnes de bon ton qui composent ce très-estimable parti, la légitimité, comme *Race Royale*, est définitivement et depuis longtemps éteinte. Elle peut faire encore des saints et des martyrs, et je suis persuadé, COMTE DE CHAMBORD, qu'à cause de vos vertus Dieu vous réserve une couronne dans le ciel; mais vous ni vos pareils ne produirez jamais des Rois sérieux ni des hommes réellement politiques.

Les morts, après trente ans, sortent-ils du tombeau ?

Dieu ne veut pas qu'une race gouverne une nation, quand il persiste à la frapper de stérilité et à susciter contre elle et dans le peuple une répugnance aussi générale, aussi constante et aussi fortement prononcée. C'est dans de telles manifestations, surtout quand elles sont calmes, permanentes et nullement le produit d'influences malsaines ou momentanées, que réside réellement la volonté divine; et c'est en ce sens qu'il est rationnel de dire que la voix du Peuple est la voix de Dieu (*Vox populi, vox Dei!*).

COMTE DE CHAMBORD, vous serez plutôt frappé de mort subite, que vous ne serez Roi de France!

Je vous l'ai déjà dit publiquement dans un ouvrage qui a pour titre : DIEU, JEANNE DARC ET NAPOLÉON IV, *Vision prophétique de l'Avenir*. Je vous conseille donc de vous maintenir toujours en état de grâce et prêt à paraître devant Dieu plutôt qu'à régner jamais sur la France; surtout si vous persistez à ne pas abdiquer, *malgré les motifs exposés en tête de mon ouvrage*, au profit d'un jeune et aimable Prince qui n'est pas de votre sang.

Ce nouvel avertissement public, COMTE DE CHAMBORD, je vous le donne comme *Prophète, au nom de Dieu, de Notre-Dame de la Salette* et *de Jeanne Darc*.

Puissiez-vous en faire votre profit!

Le Mamelouck ROUSTAN.

PIÈCES DE POÉSIE

D'UNE PERSONNE PIEUSE ET INCONNUE

IMPRIMÉES POUR L'ÉDIFICATION DES FIDÈLES

I. — DÉSIR DE LA TRÈS-SAINTE COMMUNION.

Jésus, mon bien-aimé, allume dans mon cœur l'inextinguible flamme de ton divin amour!

Dulce cor Jesu, fac ut magis ac magis et te solum amem!

De ton amour, ô douce ivresse,
Jésus, je ne pense qu'à Toi.
Pour Toi seul j'ai de la tendresse,
Te donnant ma vie et ma foi.

Je ne puis fermer mes paupières,
Je ne rêve qu'à mon bonheur :
Dès demain, le meilleur des pères
En paix descendra dans mon cœur.

Je renonce au monde, à ses charmes,
A Jésus voulant me donner.
Coulez, délicieuses larmes,
Car il veut bien me pardonner!

Oui, c'est l'ami le plus fidèle,
Tout dévoué, compatissant,
Animé du plus tendre zèle,
Toujours bon, toujours tout-puissant.

Pour lui les plus durs sacrifices
Sont une exquise volupté.
L'âme chaste fait ses délices
De son éternelle beauté!

Une jeune vierge, tendre
Amante du Sacré Cœur de Jésus.

Nuit du samedi 24 au dimanche 25 février 1877, après avoir reçu une absolution longtemps désirée.

II. — Au sortir de la sainte table et en regardant, avec une tendre émotion, longtemps prolongée, le tableau de la Cène, par Léonard de Vinci.

Sans cesse, nuit et jour, c'est à toi que je pense !
Délicieusement, tu me rends enfiévré ;
Jésus, de ton amour je me sens enivré,
Car ta possession est un bonheur immense !

De tes attraits divins qui dira la douceur ?
Jésus, enlace-moi de tes plus fortes chaînes :
Que ton sang précieux et purificateur
Voluptueusement s'infiltre dans mes veines ;

Et par toi-même, ainsi, chastement transformé,
Au pied des saints Autels, que mon âme en extase,
Tendre Roi de mon cœur, ô maître bien-aimé,
Pour Toi seul, ô Jésus, et soupire et s'embrase !

Dimanche 25 février et dimanche 4 mars 1877.

III. — Du bonheur de communier tous les dimanches

Deus in adjutorium meum intende.

Cette lutte incessante
Me lasse et me tourmente ;
Oh ! viens à mon secours !
Donne-moi l'espérance,
Apaise ma souffrance :
A toi seul j'ai recours.

Mon âme te désire
Et pour toi je soupire,
Source de tout bonheur !
Voluptueuse ivresse !
Jésus, avec tendresse,
Repose sur mon cœur.

Que rien ne nous sépare.
Pour toi je me prépare
A de rudes combats.
Je te sers avec zèle
Et te serai fidèle
Même jusqu'au trépas.

En ta douce présence,
Jésus, mon espérance,
Disparaît tout chagrin.
Oui, tu me rends poëte,
Tu me fais une fête
De ce banquet divin.

Toi seul es ma maîtresse,
Je rêve à toi sans cesse,
Par toi toujours charmé.
Délicieux Martyre !
Heureux qui peut se dire,
Jésus, ton bien-aimé !

L'âme dans sa tendresse,
L'âme dans sa détresse,
Te réclame toujours.
Émotion paisible,
O bonheur indicible,
N'interromps pas ton cours !

Jésus, que tu me charmes !
Délicieuses larmes,
Coulez, coulez, coulez !
Aimable quiétude,
Chaste béatitude,
Doux moments envolés :

Je voudrais, en extase,
Et d'un cœur qui s'embrase,
Toujours vous retenir.
Mais, hélas ! sur la terre
Où tout est éphémère,
Le bonheur doit finir !

O pure jouissance,
Ta douce souvenance
Embaumera mon cœur ;
Et toute la semaine,
Mon âme, hors d'haleine,
Bénira le Sauveur !

Le dimanche 11 mars 1877, de 4 à 6 heures du matin ; et, après avoir eu le bonheur de communier, de 10 heures à midi, à bâtons rompus, au milieu de mes préoccupations et de mes interruptions de commerce et de famille, et en versant les douces et purificatrices larmes du repentir et d'une émotion longtemps prolongée.

Typographie Lahure, rue de Fleurus, 9, à Paris.

MOYENS DE CASSATION

Présentés par M. ROUSTAN *contre l'Arrêt de la Cour d'appel de Paris, Chambre correctionnelle du Vendredi 1er Juin 1877, qui a renvoyé M. Cassigneul, éditeur-gérant du* PETIT-JOURNAL, *d'une triple plainte en refus d'insertion de réponse, en diffamation, et en divulgation de faits de la vie drivée.*

1° *Violation de l'art.* 7 *de la loi du* 20 *avril* 1810, *pour défaut de motifs*, et par contre-coup, violation des articles 11 de la loi du 25 mars 1822, et 13 de la loi du 27 juillet 1849.

Refuser l'insertion d'une réponse sous le prétexte qu'elle n'est pas sérieuse, ce n'est point motiver un jugement. Il fallait expliquer pourquoi et comment cette réponse n'était pas sérieuse, M. Roustan ayant prouvé, dans un Mémoire imprimé et lu en partie devant la Cour d'appel, qu'il avait toujours agi et qu'il agissait très-sérieusement.

2° *Non-application et, par suite, violation des articles* 1, 13, 14, 18, 19 *et* 20 *de la loi du* 17 *mai* 1819. — M. Roustan avait cru devoir faire publiquement, par des voies volontairement excentriques, une manifestation politico-religieuse. Un journal tiré au chiffre énorme de 474 mille exemplaires, ne pouvait, ainsi qu'il l'a fait, *et en le désignant par son nom et par sa profession de libraire*, présenter M. Roustan, sans se rendre coupable de diffamation envers lui, comme *ne jouissant pas évidemment de la plénitude de ses facultés*, comme un *pauvre diable relâché avec une indulgence que justifiait son état mental.*

3° *Non-application et, par suite, violation des articles* 11 *et* 15 *de la loi du* 11 *mai* 1868. — Dire faussement d'un individu, dans un journal tiré à 474 mille exemplaires, que *son grand corps dégingandé oscille de droite et de gauche ; qu'il se desséchait, tombait dans la mélancolie la plus noire et dépérissait à vue d'œil, parce qu'il y avait plus d'un mois que le monde cessait de s'occuper de lui, plus d'un mois que la renommée n'avait trompetté son nom, plus d'un mois que ce* *nom, presque célèbre, était redevenu obscur*, constitue évidemment la divulgation, *faite avec mauvaise foi*, de faits de la vie privée ; à moins qu'il ne constitue un délit plus grave : celui de diffamation.

Pour plus de détails, M. Roustan se réfère à deux Mémoires imprimés, distribués à tous les magistrats de la Cour de Cassation.

Paris, greffe correctionnel de la Cour d'Appel, juin 1877.

Déposé en vertu de l'article 422 du Code d'instruction criminelle.

L'original, sur papier timbré, a été transmis à M. le Procureur général près la Cour de cassation.

Versailles. — Typ. L. RONCE, rue du Potager, 9.

MÉMOIRE SUPPLÉMENTAIRE

Lu devant la Cour d'Appel correctionnelle de Paris, le vendredi 1er juin 1877 ; *formant le complément d'un autre Mémoire également lu devant le tribunal correctionnel de la Seine, 9e Chambre, le vendredi* 20 *avril* 1877.

Le Mamelouk Prophète ROUSTAN, l'inspiré bonapartiste, contre le *Petit Journal*.

NOTA. Ce nom de *Mamelouck-Prophète* m'a été donné par dérision, surtout par les journaux bonapartistes. Mes trois protecteurs invisibles et tout puissants (Dieu, Notre-Dame de la Salette et Jeanne d'Arc), m'ordonnent de ne point m'effaroucher de cette raillerie, de la considérer au contraire comme l'expression très-exacte de la vérité, et d'adopter hardiment ce titre de *Mamelouck-Prophète*, qui sera accepté plus tard par les sommités gouvernementales et après que j'aurai fourni mes preuves.

I

OBSERVATIONS PRÉLIMINAIRES

Que la Cour veuille bien me permettre de lui présenter quelques observations qui me paraissent indispensables et qui ne seront pas longues.

Je prierai d'abord la Cour de me pardonner une inconvenance dont je me suis rendu coupable envers elle, malgré moi et à mon insu.

Comme je fais imprimer à mes frais mes brochures et sans espoir de les vendre, je cherche à économiser ces frais. Ainsi qu'on a pu le voir, j'utilise même les blancs des couvertures.

Le Mémoire que j'ai eu l'honneur de vous faire distribuer et dans lequel je crois avoir prouvé que le *Petit Journal* m'a diffamé réellement, se terminait, à la page 24, par les mots : *et ce sera justice !*

Comme il restait un petit blanc, je priai M. Buquet, premier prote de l'imprimerie Lahure, de le remplir au moyen d'un passage de l'Evangile, *adressé aux journaux de la radicaille*, et qu'il fallait séparer, par un filet, de la partie du Mémoire destinée aux magistrats.

Le petit article additionnel était ainsi conçu :

« *Une citation de l'Evangile.*

» Vous ne briserez pas la branche déjà courbée, et vous
» n'éteindrez point le lumignon qui fume encore. »

C'est une réponse indirecte au *Petit Journal* et à d'autres feuilles beaucoup plus radicales, qui avaient la prétention d'avoir éreinté et enterré le *Prophète*.

M. Buquet oublie de faire tirer un filet et de mettre en tête les mots : *Une citation de l'Evangile*. Le texte se suivant, et sans indiquer même qu'il s'agissait d'une citation, M. Buquet me fait adresser à brûle-pourpoint, une véritable insolence à des magistrats très-dignes, très-équitables, et que je respecte infiniment.

Depuis que je fais imprimer, il n'a pas été fait de pareille coquille : au moyen du changement ou de l'omission d'une simple lettre, on m'avait bien fait dire plus d'une fois des sottises, mais pas encore des insolences adressées aux très-respectables magistrats dont je viens solliciter la justice, et qui, j'en suis convaincu, voudront bien me pardonner ce tort involontaire : je leur en fais publiquement et très-sincèrement mes excuses.

Dès que je m'aperçois de cette lourde faute d'imprimerie, j'en suis furieux, je fais les rectifications convenables et je commande un tirage supplémentaire.

M. Lahure s'y refuse, sous le prétexte que mon Mémoire est déjà très-hardi et qu'il craindrait, surtout depuis le pacifique et heureux coup d'Etat du 16 mai, de se compromettre envers la magistrature.

Il m'a fait remarquer, notamment, certain passage concernant un conseiller rapporteur non désigné, passage qui est d'une grande hardiesse. Je conviens du fait; mais avec toute l'indépendance et toute la loyauté de mon caractère ; je dirai à la Cour qu'ici j'ai été provoqué sans motif par un magistrat qui a voulu faire de l'esprit à mes dépens; et que, dès lors, ayant usé, en termes décents, quoique très-vigoureux, d'un droit de légitime défense, je n'ai pas à me rétracter le moins du monde.

II

Autre et dure observation à l'adresse du rédacteur anonyme des articles publiés contre moi par le Petit Journal.

L'auteur de ces articles, s'il n'était pas, je ne dirai point un lâche, mais un homme trop prudent, qui, comme les malfaiteurs, aime à railler et à diffamer impunément et dans l'ombre, aurait dû se dévoiler, afin que je pusse le mettre en cause.

Je le répète, l'écrivain trop prudent ou le lâche qui prend la précaution de ne pas signer ses articles, ferait bien mieux d'adopter les nobles procédés de mon confrère et ami Paul de Cassagnac, que je n'ai pas l'avantage de connaître personnellement, mais que j'apprécie et estime beaucoup, parce qu'il a le courage de ses opinions, qu'il en accepte publiquement la pleine responsabilité, et qu'il sait mettre à leur véritable place les athées et les radicaux, balayés avec raison par le grand acte de salut public du très-honorable et très-courageux Président de la République française.

Ces tristes sectaires sont bien et à jamais renversés, avec un de leurs chefs doucereux et versatiles, comme je l'ai prophétisé à la page 28 du Mémoire inspiré par Notre-Dame de la Salette, et que j'ai eu l'honneur de vous faire distribuer dès le mercredi 7 février 1877. Je disais en termes très-clairs et sans aucune espèce d'équivoque :

« Dignes et respectables Magistrats, les tristes gens du Quatre Septembre, après avoir, en 1870, perdu et désorganisé la France, voudraient aujourd'hui avilir et désorganiser la noble et indépendante magistrature française, en l'abaissant au rôle d'un valet qui exécute purement et simplement les ordres d'un maître injuste et capricieux. Vous résisterez énergiquement à ces coupables tendances et vous ne céderez pas aux injonctions occultes et indirectes de l'homme profondément conservateur et profondément républicain, deux expressions profondément bêtes et qui hurlent de se trouver ensemble ; à moins qu'on ne les interprète de cette manière, que l'homme profondément conservateur ne sera pas conservé et que l'homme profondément républicain tombera profondément, c'est-à-dire au fond de l'abîme.

« Dès lors, à bas, par la voie de la dissolution légale, les tristes gens du Quatre Septembre, partisans des enterrements civils et coupables propagateurs des doctrines athées et matérialistes ! »

On ne peut nier que cette prophétie ne se soit réalisée complétement par suite de la malédiction publique que j'avais lancée, au pavillon Barascud, à Versailles, le dimanche 7 janvier 1877. (Voir la 1re page de mon 3e Mémoire.)

A la page 13 du Mémoire inspiré par Notre-Dame de la Salette, je disais encore :

M. Jules Simon-Suisse, par sa tolérance bien connue pour

toutes les mauvaises doctrines, est une véritable peste d'Etat; et je le déclare de nouveau et hardiment au nom de Dieu tout puissant et éternel, cette perfide Sirène ne restera pas au pouvoir et ne continuera pas à nous ensorceler! »

Les tristes gens du Quatre Septembre, balayés avec raison et avec tant d'à-propos, ne protégeront plus désormais, et impunément, les coupables souteneurs des crimes républicains de la Commune de 1871 et les comtempteurs impuissants d'un régime plus que jamais nécessaire, du régime impérial, mais purgé de ses abus.

Pour en revenir à mon sujet, je dirai que M. Cassigneul, éditeur-gérant du *Petit Journal*, que, par suite de l'acte de prudence ou de lâcheté par moi justement flétri, je suis obligé de mettre seul en cause, me paraît être un fort honnête homme, bien élevé et de très-bonnes manières.

Je regrette donc beaucoup d'en faire, malgré moi, le boue émissaire, seul responsable d'un délit qui ne le concerne que très-indirectement.

Il voudra bien me pardonner tout l'ennui que, dans cet affaire, les rédacteurs anonymes du *Petit Journal* font peser sur lui.

III

Pour atténuer la portée du délit de diffamation commis envers moi, on a prétendu que j'ai provoqué moi-même la publicité de mon nom.

Je conviens du fait, car, lorsqu'on émet des idées hardies et qui attaquent le parti radical tout entier, on doit avoir le courage de son opinion et ne point se cacher dans l'ombre comme un malfaiteur, procédé que les rédacteurs anonymes du *Petit Journal* trouvent très-commode et que le public appréciera. Voilà pourquoi j'ai signé tous mes articles et toutes mes lettres.

C'est donc comme auteur responsable, que j'ai donné ma signature et non par le vain désir d'une ridicule et malsaine publicité.

La seule publicité à laquelle je tiens et plus que jamais, c'est la publicité de mes idées, dont voici les principales :

1° Nécessité de dissoudre le plus tôt possible et par les voies légales, la Chambre impie et impuissante des Députés; et j'affirme, comme prophète, que cette dissolution définitive ne tardera pas d'avoir lieu ;

2°. Nécessité de s'allier *secrètement* et par les voies diplomatiques, avec la Russie et avec l'Autriche, et de se défier grandement de l'Allemagne et même de l'Angleterre ;

3° S'attendre à une conflagration générale de l'Europe et se mettre dès lors en mesure de n'être pas, comme en 1870, pris bêtement au dépourvu.

Il s'agit bien là de ma pauvre et misérable personne ; il s'agit des intérêts publics, et je répéterai toujours avec conviction ce que j'ai imprimé dès l'année 1858, dans un ouvrage qui m'a valu une injuste condamnation par défaut à trois mois de prison que j'ai subis volontairement : Périsse mon individualité, périsse même ma famille, pourvu que le droit et la justice, et dans les circonstances actuelles, pourvu que la religion et la France triomphent !

IV

Ces préliminaires établis, je vais réfuter en quelques mots les motifs des juges de première instance, en prenant les questions à rebours.

TROISIÈME QUESTION

La vie privée de M. Roustan n'a pas été atteinte.

Dans un journal très-populaire, très-répandu et tiré au chiffre énorme de 474 mille exemplaires, ce qui suppose des millions de lecteurs et d'auditeurs, pour la France, pour l'Europe et même pour le monde entier, il serait donc permis, d'après le tribunal de la Seine, de dire faussement d'un individu, *que son grand corps dégingandé oscille de droite et de gauche ; qu'il se desséchait, tombait dans la mélancolie la plus noire et dépérissait à vue d'œil, parce qu'il y avait plus d'un mois que le monde cessait de s'occuper de lui, plus d'un mois que la renommée n'avait trompetté son nom, plus d'un mois que ce nom presque célèbre était redevenu un nom obscur.*

Si de telles imputations, faites avec malveillance, ne constituent pas la divulgation de faits de la vie privée, elles constituent alors un délit plus grave, le délit de diffamation; et la chose me paraît si claire, que je crois inutile d'insister sur ce point.

DEUXIÈME QUESTION

Diffamation envers M. Roustan et sa famille.

Le *Petit Journal*, en trompettant (ce sont ses expressions), en trompettant dans toute l'Europe et même dans le monde entier, que M. Roustan, libraire à Versailles, père de sept enfants, était fou, évidemment fou, et, en le désignant en toutes lettres et par sa profession de libraire, n'a pas outrepassé les bornes d'une critique permise et n'a nui ni à M. Roustan, ni à sa femme et à ses enfants : voilà la décision que le tribunal de la Seine a cru conforme à la justice.

Dans le mémoire imprimé, distribué à la Cour, je crois avoir prouvé très-clairement et très-longuement que le délit de diffamation existe ; et, pour ne point fatiguer la Cour de redites inutiles, je ne puis, sur ce chef, que m'en référer au mémoire.

La circonstance que, contraint et forcé par ministère d'huissier, et après refus formel par les voies amiables, le *Petit Journal* aurait inséré, à la date du 27 avril dernier, une réponse de moi qu'il présente lui-même comme n'étant pas une rectification, ne saurait détruire le préjudice que l'on m'a porté, surtout pour le dernier article du dimanche 18 février 1877, lequel n'a donné lieu à aucune rectification réelle.

Les deux articles publiés contre moi par le *Petit Journal* avaient produit un grand scandale, qu'une rectification tardive, non volontaire, et fort peu remarquée, n'a pu détruire, précédée qu'elle est d'observations malveillantes. D'ailleurs la poursuite en diffamation est toujours indépendante de celle en insertion de la réponse ; et je persiste à demander la réparation du préjudice portée à moi et à ma famille.

La Cour a les moyens, ce me semble, d'apprécier ce préjudice; je ne puis que m'en rapporter à son équité.

PREMIER CHEF DU JUGEMENT

J'arrive au premier chef du jugement : Ma réponse signifiée au *Petit Journal* par exploit de Rozé, huissier, à Paris, du 16 mai 1876, ne serait pas sérieuse.

Pour mettre la Cour en mesure de juger avec connaissance de cause, qu'elle me permette de lire en totalité cette courte réponse. Elle était très-modérée et j'avais l'air de ne point me plaindre, afin que le journaliste n'eût aucun prétexte de m'en refuser l'insertion.

Texte de ma réponse

Versailles, le jeudi 11 mai 1876.

» A Monsieur le Rédacteur en Chef du *Petit Journal*.

» Permettez-moi de vous remercier de l'article me con» cernant (j'avoue que le remerciement était ironique) » (n° 4886, du vendredi 12 mai 1876), non pas que j'en » sois enchanté, mais parce qu'au fond il n'est point méchant » ni trop satirique.

» Si, croire que, sous le règne de Napoléon IV et par la » protection spéciale de Dieu et Jeanne Darc, la France » recouvrera l'Alsace et la Lorraine, c'est une olie, assu» rément je suis fou ; car telle est bien mon opinion. (Et » remarquez qu'ici je parle encore comme prophète.)

» Il y a seulement dans votre article une inexactitude que » je vous serai très-obligé de vouloir bien rectifier.

» J'ai remis à un huissier ou garçon de salle deux enve» loppes cachetées portant les adresses suivantes :

» L'une : *à Messieurs les journalistes du parti bonapartiste ;* » l'autre : *à Messieurs les rédacteurs des journaux monar» narchistes autres que les journaux bonapartistes.*

» Sous ces enveloppes étaient renfermés divers écrits » imprimés et qu'on a saisis, notamment un écrit *très» sérieux* composé de trois feuilles et demie d'impression et » ayant pour titre : *Une séance extraordinaire de l'Assemblée » nationale de Versailles.*

» Sur ce dernier écrit j'avais mis et signé de ma propre » main une mention ainsi conçue : *Dès le commencement de » la séance et avant trois heures, je pousserai un cri napoléo» nien.*

» *Mes actes ont donc été conformes à mon plan*, bien que » j'aie été obligé de pousser mon cri, par suite de mon arres» tation arbitraire, un quart d'heure plus tôt et avant que » la séance fût ouverte.

» Tout fou que vous me dites, Monsieur, je sais apprécier » les hommes de cœur et de talent.

» Je reconnais qu'en fait de *Petit Journal*, le vôtre est » des mieux rédigés. J'en suis lecteur habituel : c'est en » quelque sorte mon pain quotidien.

» Permettez-moi, Monsieur le Rédacteur en chef, de re-

» gretter, aujourd'hui, 16 mai, que, malgré l'extrême modération de la réponse qui précède, je sois obligé, pour » vous la faire insérer, et après de vaines démarches faites » à l'amiable, de recourir au ministère d'un huissier.

» Vous ne me paraissez point dès lors de bonne foi ; car, » lorsqu'on attaque la raison et l'honneur d'un père de famille de sept enfants et d'un commerçant établi *désigné* » *en toutes lettres*, on doit avoir la loyauté d'insérer sa réponse. »

Telle est la teneur de l'exploit signifié au *Petit Journal*, le 16 mai 1876.

En quoi, s'il vous plaît, ma sommation n'est-elle pas sérieuse ?

D'une part, j'affirme, en réponse à une accusation de folie, faite injustement contre moi devant au moins 474,000 lecteurs, et par contre-coup devant plusieurs millions d'auditeurs, que, d'après mon opinion personnelle et par la protection spéciale de Dieu et de Jeanne Darc inspirée de Dieu, la France, sous le règne de Napoléon IV, noble et futur réparateur des lourdes fautes de son père, recouvrera bientôt l'Alsace et la Lorraine, — et, d'autre part, je fournis quelques explications simples et parfaitement claires sur un acte très-volontaire et très-sérieux, bien qu'ayant une forme excentrique.

Au fond, et dans mes publiques manifestations politico-religieuses du 10 mai 1876 et du 12 décembre suivant, j'ai réellement agi comme prophète et par application de ce précepte de l'Evangile : *Ce que je vous dis dans le silence de la nuit, dites-le en plein jour ; et ce que je fais retentir secrètement à votre oreille, prêchez-le sur le haut des toits.* — Par suite, et conformément à ces paroles du Psalmiste : *Annuntiavi justitiam tuam in ecclesia magna*, prêchez-le surtout dans cette Assemblée impie et révolutionnaire ; car, aux partisans exclusifs des *Droits de l'homme*, il est indispensable de parler aussi des *Droits de Dieu !*

Depuis quand, et sous une République vraiment libérale, ne sera-t-il pas permis, à des hommes religieux et convaincus, d'émettre leur opinion et d'annoncer les volontés de Dieu, *même d'une manière excentrique et extraordinaire*, afin de mieux frapper les esprits ? — Les athées et les matérialistes n'ont-ils pas, trop longtemps, impunément répandu leurs tristes doctrines? Pourquoi donc un catholique ne pourrait-il pas propager les siennes?

Ceux qui prétendent, bien à tort, que je n'agis pas ou que je n'ai pas agi sérieusement, ne pratiquent point leur religion et ne sont pas en mesure de me comprendre : le surnaturel offusquera et déconcertera toujours les intelligences trop remplies d'elles-mêmes et qui ne marchent point dans les voies de Dieu.

Depuis un an, et *comme prophète réellement inspiré*, j'annonce une conflagration générale de l'Europe, dans laquelle la France ne pourra point rester neutre. Il faut, en effet, et telle est l'adorable et juste volonté de Dieu, que la Turquie pourrie et impotente, que la Turquie banqueroutière, idolâtre et cruelle, disparaisse bientôt et à tout jamais de la carte d'Europe. Or, un tel résultat ne pourra s'obtenir que par une guerre générale, juste et terrible châtiment pour les libres-penseurs et les matérialistes qui, eux ou leurs enfants, seront en partie exterminés sur les champs de bataille ! Et je parle encore ici comme Prophète.

Les démêlés actuels de la Russie enthousiaste et vigoureuse avec une Turquie impuissante et dégénérée, ne sont-ils pas le premier épisode de cette guerre générale et cruelle que j'ai annoncée ici en pleine Cour d'Appel, dès le mercredi 7 février 1877, avant la signature du protocole et à une époque où les gens de Bourse et tous les sages selon le monde croyaient encore à la paix ?

L'accomplissement de cette prophétie très-claire, très-précise et ayant une date certaine, tant par l'impression, que par l'arrêt que vous avez rendu vous-mêmes le vendredi 16 février 1877, au vu des pièces du dossier contenant la prophétie imprimée, cet accomplissement incontestable n'est-il pas une preuve, *sans compter celles que je fournirai plus tard*; et sans parler de l'ajournement des Chambres, prélude de la dissolution définitive (je parle encore ici comme prophète), n'est-il pas une preuve suffisante que j'agis sérieusement et *comme prophète réellement inspiré?*

De quel droit dès lors viendriez-vous, avec le tribunal correctionnel de la Seine, me traiter de *mystificateur*, d'individu qui n'est pas sérieux et qui présente à la justice des questions ridicules ?

Je n'ai jamais entendu lui soumettre que des affaires sérieuses et très-sérieuses. Et ce qui prouve que j'agis réellement en homme sérieux, c'est que je suis bien décidé, comme je l'ai déjà fait, à poursuive au besoin l'instance jusqu'en Cour de Cassation, indépendamment de la publicité des journaux et des brochures.

Si je ne croyais pas en toute sincérité agir sérieusement, dans un intérêt public et comme le très-indigne et très-obscur instrument du Dieu tout puissant et éternel, qui m'inspire et me protége, je n'aurais, avec la santé et l'intelligence requises, ni la force, ni le courage, malgré les plus violentes oppositions et les plus cruelles menaces, même de ceux qui me sont les plus chers, de soutenir une telle lutte et de la pousser aussi loin.

J'ose donc espérer que, malgré l'excentricité volontaire d'actes inspirés par Dieu, la Cour voudra bien me croire quand j'affirme que j'ai toujours agi sérieusement et très-sérieusement.

Et pour terminer ce premier article, par une nouvelle prophétie qui s'accomplira bientôt et que je donne encore comme une preuve de mon inspiration surnaturelle, voici comment, au nom de Dieu, de Notre-Dame de la Salette et de Jeanne Darc, je résume notre situation politique, qui est très-embrouillée, et qui, grâce à mes trois protecteurs invisibles et tout puissants et qui ont des vues de miséricorde sur la France (je parle encore ici comme Prophète), va se terminer d'une manière pacifique et légale, et par la protection spéciale de Jeanne Darc.

Cette nouvelle prophétie que je vais lire, je l'ai transmise, par la poste, à M. le Procureur de la République, à Versailles, le jour même où elle m'a été inspirée, le jeudi matin 24 mai dernier, et avec une mention ainsi conçue : Gardez précieusement cet écrit ; car les événements annoncés arriveront bientôt, en partie d'abord et en totalité plus tard.

Prophétie.

RÉSUMÉ DE LA SITUATION POLITIQUE

Une question de salut public, sous la forme d'une tragédie en deux actes.

Au nom de Dieu et de Jeanne d'Arc!

Premier acte.

A bas et le plus tôt possible, à bas les Radicaux, même les députés Radicaux, par le Président et par le Sénat!
Vivent les Députés conservateurs!
Dissolution légale de la Chambre des Députés!

Deuxième acte.

Révision légale de la Constitution, par le Président et par les Chambres.
Appel au Peuple, et comme conséquence, prochain rétablissement de l'Empire, moins ses abus.

V

Qu'il me soit permis maintenant de descendre de ces hauteurs politiques pour aborder, terre à terre, certaines questions de détail.

Le *Petit Journal* prétend que, loin de me plaindre, je l'ai remercié de l'insertion du premier des articles me concernant, de celui du vendredi 12 mai 1876.

Le remercîment, ainsi que je l'ai déjà fait remarquer, était tout au moins ironique.

D'ailleurs, et sur le premier moment, je ne m'étais pas rendu suffisamment compte du préjudice que cet article, à raison de son énorme publicité (des millions d'auditeurs ou de lecteurs), allait porter surtout à ma femme, à mes enfants et à mes parents naturels ou par alliance.

L'insertion tardive, *et jamais volontaire*, faite par le *Petit Journal*, d'après ma dernière sommation du 23 avril 1877, ne saurait remplacer ma première réponse du 16 mai 1876, faite par exploit de Rozé, huissier à Paris.

Ces deux réponses se complètent l'une par l'autre, attendu qu'elles portent sur des points de vue différents, et l'insertion de la dernière réponse dans le *Petit Journal*, insertion à la date du vendredi 27 avril 1877, ne fait pas obstacle à la reproduction dans le même journal, de ma première réponse. Or, je viens de prouver que cette première réponse est digne et sérieuse.

D'ailleurs le *Petit Journal*, bien que légalement sommé par huissier, ne reconnaît nullement ses torts, puisqu'il fait précéder ma réponse de cette observation peu bienveillante (numéro du vendredi 27 avril 1877, 3e page, 1re colonne) :

« Aujourd'hui, M. Roustan revient à la charge et nous » fait sommation d'insérer ce qu'il prend pour une rectification.

» Nous serions en droit d'accueillir cette sommation » comme toutes celles qui ont précédé. Mais pour en finir » avec M. Roustan, nous reproduisons l'insertion qu'il re» clame. »

Puisque le *Petit Journal* persiste à publier qu'il a le droit de m'attaquer et de ne pas insérer ma défense, la Cour voudra bien me permettre, comme preuve que le *Petit Journal* a eu réellement des torts envers moi, de demander qu'il soit contraint d'insérer, en vertu des art. 11 de la loi du 25 mars 1822 et 13 de la loi du 27 juillet 1849, ma réponse *très-sérieuse* que je vous ai lue tantôt, réponse signifiée par exploit de Rozé, huissier, à Paris, du 16 mai 1876, dont l'original fait partie des pièces du procès, et qui se termine de la manière suivante :

« Vous ne me paraissez point dès lors de bonne foi ; car » lorsqu'on attaque la raison et l'honneur d'un père de fa» mille de sept enfants et d'un commerçant établi *désigné* » *en toutes lettres*, on doit avoir la loyauté d'insérer sa ré» ponse. »

En première instance, les juges ont été induits en erreur par une confusion, peut-être volontaire, faite par l'avocat du *Petit Journal*.

Je me plaignais de deux articles de cette feuille très-répandue. Le premier article, du vendredi 12 mai 1876, porte en tête : *Chambre des Députés*. Pour me servir des propres termes du journal, par cet article on a *trompetté* dans toute l'Europe, et même dans le monde entier, que le mamelouck Roustan, libraire à Versailles, est *fou, évidemment fou*. Le journaliste a vu une preuve certaine de folie dans cette circonstance que ce *pauvre diable de Mamelouk* (ce sont les expressions du *Petit Journal*) avait la simplicité de croire, *par une inspiration prophetique*, que sous le règne de Napoléon IV, noble réparateur des lourdes fautes de son père, et par la protection spéciale de Dieu et de Jeanne Darc, la France, régénérée, recouvrera et conservera pour longtemps l'Alsace et la Lorraine.

Or, je ne crois pas être fou, je pense même en avoir fourni et en fournir encore la preuve, et néanmoins je persiste plus que jamais, et *comme prophète*, dans mon affirmation sincèrement patriotique.

Le deuxième article du *Petit Journal* dont je me plaignais encore, est à la date du dimanche 18 février 1877. Il est intitulé le *Prophète Roustan*, et contient deux colonnes et un quart de persifflage plus ou moins spirituel. Dès le 19 février, par des démarches personnelles, et en laissant mon manuscrit, j'avais prié M. le Rédacteur en chef de cette feuille d'insérer à l'amiable ma réponse, ce qu'on m'avait promis. Cette insertion n'ayant pas même été faite dans les cinq premiers jours, je compris qu'on n'insérerait rien de sérieux et de complet et qu'on persisterait à me tourner en ridicule.

Dès ce moment, je fus décidé à poursuivre le *Petit Journal* en diffamation; et si l'assignation a été si tardive, c'est parce que j'ai éprouvé bien des refus, aucun huissier n'osant me prêter son ministère, dans la crainte de s'attirer les redoutables colères de la rédaction du *Petit Journal*. Je réclamai donc mon manuscrit par une lettre mise à la poste et dans laquelle je priais MM. les rédacteurs de vouloir bien se taire sur mon compte.

Je dois faire remarquer que je n'avais confié mon manuscrit, ou plutôt mon brouillon, dont je n'avais aucune copie par devers moi, qu'à la condition, s'il n'était pas inséré, qu'il me serait rendu.

C'est au moyen de la lettre par laquelle j'avais réclamé mon manuscrit, qu'on a surpris la religion des premiers juges, en leur faisant croire que j'avais moi-même demandé aux rédacteurs du *Petit Journal* de ne rien insérer. Il est vrai que je les avais engagés à se taire, plutôt que de parler tardivement ou de persister à me tourner en ridicule; mais cette injonction ne s'appliquait qu'à l'article publié le dimanche 18 février 1877.

En d'autres termes et relativement à ce dernier article du *Petit Journal* intitulé *le Prophète Roustan*, je n'ai pas insisté pour une réponse qu'on refusait et j'ai poursuivi directement en diffamation.

Mais quant au premier article, à la date du vendredi 12 mai 1876, dans lequel on me traite de fou, et portant en tête : *Chambre des Députés*, j'ai toujours provoqué légalement l'insertion de ma réponse signifiée par exploit de Rozé, huissier à Paris, en date du 16 mai 1876 ; et c'est cette insertion que j'ai demandée ci-dessus et que je persiste à demander à la Cour, en vertu des articles 11 de la loi du 25 mars 1822 et 13 de la loi du 27 juillet 1849, attendu, ainsi que je crois l'avoir suffisamment établi, que, malgré l'affirmation contraire et sans preuves des premiers juges cette réponse est non-seulement sérieuse, mais digne et convenable.

RÉSUMÉ GÉNÉRAL

1° Sur la question de *divulgation de faits de ma vie privée* et par les motifs très-délicats indiqués dans mon Mémoire et que je ne veux pas reproduire publiquement, par respect même envers la Cour, je demande qu'on applique au journaliste le minimum de la peine encourue, une simple amende de cinquante francs, outre le payement des frais.

Si la Cour pensait qu'il n'y a pas eu divulgation de faits de ma vie privée et de ma personne, je ferais remarquer alors qu'il y a, selon moi, une diffamation incontestable.

Ce chef de ma plainte se confondrait ainsi avec le deuxième qu'il viendrait aggraver.

2° Sur ce deuxième chef, sur la question de *diffamations réitérées* et qui ont porté un énorme préjudice à ma femme et à mes enfants, plus encore qu'à moi-même, je m'en rapporte exclusivement à l'appréciation de la Cour, lui faisant respectueusement remarquer que je tiens beaucoup moins à une indemnité pécuniaire qu'à une réparation morale faite publiquement et par la voie de trois journaux à désigner par la Cour, dont le *Petit Journal*.

3° Sur la question d'*insertion de ma réponse*, signifiée par exploit de Rozé, huissier à Paris, du 16 mai 1876, je tiens essentiellement à cette insertion, bien qu'elle soit tardive, ne fût-ce que pour protester publiquement contre la qualification d'homme non sérieux, ou, en d'autres termes, de *fou* ou tout au moins de *toqué*, qui m'a été donnée en première instance et par un jugement, que, par ce seul motif, il était de mon devoir de père de famille de faire réformer. Ce jugement a été reproduit dans un grand nombre de journaux, et a, par suite, aggravé le préjudice dont je me plains avec raison.

A un certain point de vue, l'insertion de ma réponse, *dans les circonstances politiques actuelles*, ne manquerait pas d'à-propos. Elle tendrait à prouver que la France pense toujours aux frères et amis qui nous sont dévoués par le cœur et que la conquête n'a pu nous arracher que par la violence.

S'il m'est permis dès lors de terminer par une prophétie, j'affirme avec une entière certitude, au nom de Dieu, de Notre-Dame de la Salette et de Jeanne Darc, que l'Alsace et la Lorraine ne tarderont pas d'être de rechef à nous et pour longtemps.

Je le répète et je le dis très-clairement et avec une entière conviction, *comme prophète réellement inspiré* et ayant déjà fait en partie mes preuves :

Nous ne tarderons pas à recouvrer l'Alsace et la Lorraine, par les voies diplomatiques et sans nouvelle effusion de sang pour ces provinces ; c'est Jeanne d'Arc surtout, qui pieusement invoquée et du haut des cieux, nous protégera et nous donnera la victoire.

Et ce sera justice !

Observations.

La Cour d'Appel de Paris, après discussion contradictoire, et à son audience publique du vendredi 1er juin 1877, a confirmé purement et simplement le jugement de première instance.

Je reconnais que M. Descoutures, Président de la Cour, pour lequel d'ailleurs j'ai une grande estime et une vive sympathie, a été très-bienveillant envers moi, ainsi que MM. les conseillers. M. l'avocat-général a mis beaucoup de tact, de ménagement et de délicatesse dans ses conclusions conformes à l'arrêt. C'est dire que j'ai eu affaire à des magistrats très-dignes, très-intègres, et qui ont cru que la loi ne leur permettait point d'accueillir ma demande.

En m'obligeant à supprimer du Mémoire que je lisais devant eux, tout ce qui concernait la politique, ils m'ont mis dans l'impossibilité de prouver, ainsi que je crois l'avoir fait ci-dessus, que mes deux grandes manifestations politico-religieuses du mercredi 10 mai 1876 et du mardi 12 décembre suivant, dont l'une a déjà reçu un commencement d'exécution, qui sera complété bientôt, et dont l'autre se réalisera avant l'année 1880, comme je l'ai affirmé à la Cour et par écrit, étaient réellement, malgré des apparences contraires, des actes très-sérieux, **accomplis par une inspiration divine.**

Néanmoins, et bien que M. le Président ait déclaré en pleine audience publique, qu'il me considérait comme parfaitement sain d'esprit, la Cour a persisté à penser que ma réponse signifiée au *Petit Journal*, par exploit d'huissier, le 16 mai 1876, n'était pas sérieuse.

Comme je suis persuadé que les grands événements politiques que j'y annonce ne tarderont pas à s'accomplir, au moins partiellement, je maintiens tous mes dires, prenant l'avenir pour juge entre la Cour et moi.

Sur la question de diffamation et d'injure, la Cour et M. l'avocat-général ont affirmé que j'ai confondu des *articles désagréables* avec des *articles diffamatoires.*

Mon esprit obtus ne peut comprendre parfaitement cette distinction trop subtile ; car si un journaliste insérait des appréciations désagréables aux magistrats et de la nature de celles qu'on a publiées contre moi-même, le châtiment ne se ferait pas attendre.

D'ailleurs un article *désagréable* seulement, quoique non diffamatoire, s'il vise la vie privée, et c'était bien le cas, tombe sous l'application de l'article 11 de la loi du 11 mai 1868.

Par ces divers motifs, mes trois protecteurs invisibles et tout puissants (Dieu, Notre-Dame de la Salette et Jeanne Darc), m'ont enjoint, malgré un premier échec, de me pourvoir de nouveau en cassation et avec les deniers du Gouvernement. Je me suis conformé à leurs ordres, dès le lundi 4 juin 1877 ; car si je plaide, ce n'est pas à mes frais, ainsi que je l'expliquerai un jour.

Je suis un agent de parti bonapartiste-catholique ; et néanmoins, au lieu de dépenser l'argent de ce parti, je soutiens et je perds mes procès avec les deniers de l'Etat.

Le temps d'expliquer cette énigme, singulière comme ma personne, n'est pas encore venu.

Que Messieurs les journalistes, si je perds encore en cassation, n'en tirent pas la fausse conséquence, qu'ils ont le droit de me railler cruellement et de me turlupiner. Le très-honorable Président de la Cour d'Appel a daigné me dire publiquement, que si l'on me diffamait, la Cour me rendrait justice. J'ai tenu bonne note de ces paroles bienveillantes ; et au besoin, je me présenterai avec confiance et de nouveau devant la Cour. Elle a pu se convaincre que j'ai déféré à ses désirs sans la moindre protestation, et que je ne suis pas un homme à scandale ni à chantage : je tiens à la publicité de mes idées, qui sont religieuses et patriotiques, et nullement à la publicité de mon nom.

Même en perdant mon procès, en première instance, en appel, et probablement en cassation, je n'en aurai pas moins donné au *Petit Journal* et à ses pareils une leçon qui leur profitera : Je l'affirme au besoin, *comme Prophète réellement inspiré*, dussé-je provoquer de nouveau les sourires bienveillants de certains conseillers de la Cour.

Versailles. — L. RONCE, imprimeur, rue du Potager, 9.

www.ingramcontent.com/pod-product-compliance
Ingram Content Group UK Ltd.
Pitfield, Milton Keynes, MK11 3LW, UK
UKHW032037260826
14628UKWH00007B/3019

9 782019 627362